AF253695

Lh 4.
263.

QUELQUES CONSIDÉRATIONS

SUR LA

CAMPAGNE DE 1812

TYPOGRAPHIE DE CH. LAHURE
Imprimeur du Sénat et de la Cour de Cassation
rue de Vaugirard, 9

QUELQUES CONSIDÉRATIONS

SUR LA

CAMPAGNE DE 1812

PAR LE

LIEUTENANT GÉNÉRAL CHRZANOWSKI

PARIS

LIBRAIRIE D'AMYOT, ÉDITEUR

8, RUE DE LA PAIX

1857

QUELQUES CONSIDÉRATIONS

SUR LA

CAMPAGNE DE 1812.

L'ouvrage de M. Thiers a jeté une nouvelle lumière sur la campagne de 1812. Toutefois, quant au jugement porté sur cette expédition, « que rien ou presque rien ne pouvait faire réussir cette entreprise, » nous ne saurions en convenir avec lui. D'ailleurs, ce jugement se trouve réfuté par M. Thiers lui-même, lorsqu'il dit ensuite : « Les Russes sont invincibles pour un conquérant, ils ne le seraient pas pour l'Europe franchement liguée dans l'intérêt de son indépendance. » Or, dans ce moment, Napoléon était le représentant et le chef de la plus grande partie de l'Europe. Dans aucune coalition une telle unité de commandement ne serait possible, et dans chacune se trouverait, plus ou moins, la divergence de vues et d'intérêts des coalisés.

Si la non-réussite de cette guerre ne provenait pas de l'impossibilité du succès, il faut en rechercher la cause autre part. C'est ce que nous allons essayer de faire.

En thèse générale, une attaque contre la Russie est une grande entreprise, qui, sans être inexécutable, présente des difficultés et des dangers. On pourrait dire qu'il n'y avait pas lieu de surmonter les premières et de s'exposer aux seconds, n'ayant en vue que *de forcer la Russie à une coopération entière et sans réserve contre l'Angleterre*. En effet. quelle certitude pouvait-on avoir que la Russie tiendrait mieux cet engagement qu'un autre à peu près semblable pris trois années auparavant? Dans tous les cas, une coopération à laquelle la Russie serait forcée ne pouvait pas être franche.

On peut ajouter que cette petitesse du but est précisément la cause de l'insuccès de la guerre de 1812. Un court aperçu des opérations en donnera la preuve.

Les deux armées russes, dont une, sous Barklay, avait son quartier-général à Wilno, et l'autre, sous Bagration, à Wolkowysk, se trouvaient ainsi éloignées l'une de l'autre d'à peu près cinquante lieues. L'armée de Barklay était étendue sur plus de vingt lieues ; celle de Bagration occupait des cantonnements plus resserrés. Les Russes ne s'étaient pas aperçus de l'approche des forces françaises sur Kowno. Napoléon, en franchissant le Niémen près de cette ville avec deux cent mille hommes et se portant sur Wilno, forçait Barklay de se retirer, et imposait aux Russes, surpris dans leurs cantonnements, le besoin de se réunir : pour eux, il n'y avait pas moyen de songer à autre chose. Afin que les deux armées russes ne pussent se réunir de sitôt, Napoléon fit manœuvrer l'armée du roi Jérôme et deux divisions de Davoust, dans le but d'intercepter les chemins que Bagration pouvait suivre pour exécuter sa jonction avec Barklay. De sa personne, Napoléon s'est arrêté à Wilno pour attendre la réponse aux ouvertures faites par l'intermédiaire de M. Balaschow. Napoléon, à l'apogée de sa puissance, croyait qu'en exigeant si peu des Russes, ceux-ci, au lieu de risquer la guerre contre lui, aimeraient mieux consentir à sa demande, et qu'un simple déploiement de ses forces, en intimidant l'empereur Alexandre, suffirait pour les y décider. Aussi tous les corps, à l'exception de la garde, se portaient-ils en avant. Néanmoins Napoléon voulait éviter tout engagement d'importance, de crainte d'envenimer la situation et de rendre l'arrangement plus difficile.

Cette explication des dispositions de Napoléon paraît la seule admissible. On ne peut supposer que Napoléon, voulant engager sérieusement la lutte, se soit borné à des dispositions aussi insuffisantes contre l'armée de Bagration ; comme il nous est impossible d'admettre que ses arrangements pour cette guerre aient été défectueux au point de le forcer à s'arrêter pendant dix-huit jours à Wilno, quatre jours après l'ouverture des hostilités[1]. Cette explication s'adapte également à la conduite de Napoléon envers la

1. Ni le manque de subsistances ni les pertes, depuis le passage du Niémen, en hommes et en chevaux, ne pouvaient motiver le séjour de Napoléon à Wilno. En voici les raisons : Sa supériorité numérique était si considérable, qu'elle n'était que faiblement entamée par cette perte en hommes. Dans le courant d'une quinzaine de jours, il était impossible de remplacer les chevaux perdus par ceux tirés du pays où pour le moment les autorités administratives n'existaient pas. Quant au manque de subsistances, il est encore plus facile aux troupes de se procurer les vivres en marchant qu'en restant sur place, lorsque la proximité de l'ennemi ne leur permet pas de prendre des cantonnements étendus. Nous ajoutons la remarque que ces pertes et la pénurie des vivres, conséquences des marches forcées et de l'agglomération des troupes, sont inhérentes à toute invasion du territoire ennemi. Plusieurs circonstances, qu'il serait long d'énumérer ici, influent sur le plus ou moins de ces pertes ; mais elles croissent toujours à mesure que croissent les masses, et dans une proportion beaucoup plus forte que les masses.

Pologne. Il sentait l'importance de ce pays dans une guerre ; et en parlant à M. Balaschow, il mettait les Polonais, comme ses alliés, au-dessus de tous les alliés de la Russie. Mais il ne voulait prendre aucun engagement vis-à-vis des Polonais, pour ne pas se créer un empêchement à la paix qu'il désirait et espérait obtenir. Enfin, cette explication est corroborée par les paroles de l'Empereur à Sainte-Hélène. Il disait : « Alexandre et moi, nous étions tous deux dans l'attitude de deux hommes qui se mettent en garde sans avoir envie de se battre, et qui ne cherchent qu'à s'effrayer mutuellement. » Et en parlant de la demande de M. Balaschow, qu'on se retire derrière le Niémen, en attendant qu'une négociation puisse fixer les articles qui rétabliraient l'alliance, il disait encore : « Nul doute que si j'eusse été convaincu de la bonne foi de l'empereur Alexandre, j'eusse accédé à ses propositions, mes troupes seraient revenues au Niémen. »

Napoléon, en franchissant le Niémen,

n'avait donc en vue qu'une démonstration et nullement une guerre. Plusieurs indices, mais surtout les proclamations de l'empereur Alexandre à la nation russe, l'ayant convaincu qu'il n'avait pas deviné juste et qu'il s'était trompé dans l'appréciation des dispositions du gouvernement russe, Napoléon ne pouvait pas ignorer que ses dispositions, bonnes pour une démonstration, devenaient mauvaises pour une guerre sérieuse; que sa supériorité numérique devait diminuer tous les jours; que très-probablement il la perdrait avant de pouvoir en profiter; enfin, que la campagne était gravement compromise. Mieux que tout autre, il savait que les premières dispositions au début d'une campagne sont les plus importantes; que fautives, elles entraînent à des fautes nouvelles; que dans la majorité des cas, ces dispositions ont une influence décisive sur les succès ou les revers ultérieurs. Dans le courant de la campagne, une issue funeste dut se présenter souvent à son esprit. De là, par moments, son manque d'assurance dans la direction, sorte d'hésitation à laquelle le monde n'était pas accoutumé de sa part; de là aussi son injustice envers ses lieutenants : il avait besoin de trouver des coupables.

Napoléon, ainsi forcé par les Russes à faire une campagne sérieuse, avait le choix de changer son système de guerre, ou en le suivant, pour finir la guerre dans une campagne, de se fier à une grande faveur de la fortune qui seule pouvait faire pencher la balance de son côté. Il adopta d'autant plus aisément ce dernier parti que, par son caractère, il était enclin à risquer beaucoup en comptant sur son étoile ; aussi a-t-il tenté la fortune de toutes les manières.

Il avait exigé de ses lieutenants que Bagration fût battu ; mais il n'a obtenu que ce qu'il a préparé par ses dispositions primitives. La réunion des deux armées russes fut retardée d'un mois et ne put s'effectuer qu'à cent lieues de la frontière. De sa personne, Napoléon s'était dirigé vers le camp de Drissa, occupé par Barklay. Mais celui-ci avait eu le temps de s'apercevoir du danger que courait ce camp, et il n'avait plus d'intérêt majeur à le garder, ayant appris que Bagration avait échoué dans l'attaque de Mohilew. La jonction des deux généraux russes ne pouvait plus dès lors s'effectuer par Orcha; Barklay se disposa donc à l'effectuer par Smolensk; et pour se rapprocher de cette ville, il abandonna son camp de Drissa deux jours avant l'arrivée de l'Empereur.

Après la réunion des deux armées russes, Napoléon voulait leur porter un coup décisif en les tournant par Smolensk. Mais cette opération, qui exigeait plusieurs jours, ne pouvait réussir que par une grande négligence des Russes. Ils ne la commirent pas et se concentrèrent sur la rive droite du Dniéper, vis-à-vis de Smolensk, mettant une forte garnison en ville. L'opération de Napoléon étant manquée, il se décida à franchir de vive force les obstacles qui le séparaient de l'armée russe. Il fit attaquer Smolensk et l'emporta ; le lendemain soir, les ponts sur le Dniéper furent établis. Mais comme une portion seulement de son armée, passée la première sur la rive droite, put donner à Valoutina, l'armée russe s'est retirée sans essuyer de grandes pertes.

La guerre étant constituée dans l'idée de précipiter les événements, et sans préoccupation des quartiers d'hiver, rien n'était préparé pour les assurer ; et Napoléon ne pouvait songer à les prendre à Smolensk devant une armée si peu entamée que l'était l'armée russe. Il était obligé de s'engager plus avant à sa suite, avec l'espoir fondé que les Russes ne pourraient toujours se refuser à une grande bataille ; et il comptait que le gain de cette bataille, suivi de la prise de Moscou, amènerait la paix. A Borodino, il trouva, en effet, les Russes décidés au combat. Il s'empressa d'engager cette lutte gigantesque appelée la bataille de la *Moscowa*, mais dans des conditions peu favorables ; les positions de son adversaire étaient préparées de longue main, et ses forces égales aux siennes. La bataille gagnée permit à Napoléon d'entrer à Moscou ; mais pour l'armée russe, elle fut vaincue et non détruite ; il n'est nullement évident que sa destruction eût pu être obtenue si Napoléon eût fait donner la garde, tandis que dans sa position il avait d'excellentes raisons pour ne pas engager cette précieuse réserve.

Napoléon était à Moscou, dont l'incendie par les Russes fut fort gratuit et ne pouvait avoir d'influence réelle sur le résultat de la guerre. Mais Napoléon, ayant envahi une partie de la Russie, livré une grande bataille et s'étant rendu maître de l'antique capitale de l'empire moscovite, ne trouva pas les Russes disposés à traiter de la paix. N'ayant plus les moyens de continuer l'offensive, il voulut voir si la fortune, qui lui avait refusé la destruction de l'armée russe, ne lui serait pas plus favorable dans l'action contre la force de volonté du gouvernement russe. Comptant sur le prestige qu'il exerçait, il voulait briser cette volonté en imposant aux Russes par son opiniâtreté. De là son séjour prolongé à Moscou, le plan d'y passer l'hiver, celui de passer l'hiver à Kalouga, comme aussi le projet de marcher sur Saint-Pétersbourg.

En ce qui touche le séjour à Moscou, certainement Napoléon voyait comme tout le monde, c'est-à-dire qu'en le prolongeant il risquait le salut de l'armée. Mais il voyait aussi qu'en commençant la retraite même au 1er octobre, il ne pourrait s'arrêter à Smolensk ayant l'armée de Tchichagof sur ses derrières; qu'il serait obligé de rétrograder en Lithuanie; qu'il lui serait difficile de s'y maintenir pendant l'hiver en guerroyant avec l'armée russe renforcée par son armée de Turquie et pourvue de nombreuses troupes légères; enfin, qu'il lui faudrait s'abriter derrière le Niémen. Or, pour lui, repasser le Niémen seul ou avec cinquante mille hommes, c'était à peu près la même chose.

Quant à ses plans, il n'avait pas l'habitude de les divulguer d'avance; il ne les mettait en avant que pour agir sur les imaginations,

pour qu'on en parlât et sans avoir l'idée de
les exécuter. Il savait ce qu'ils valaient au
fond.

En effet, l'armée française en s'établissant
pour passer l'hiver à Moscou, ville ouverte,
de plusieurs lieues de circonférence, y pouvait être attaquée de tous côtés. En supposant
même que les Russes n'eussent pas osé l'attaquer de tout l'hiver, pour le moins ils l'au-
raient refoulée tout entière dans la ville.
Faute de fourrage périssaient tous les chevaux
de cavalerie, d'artillerie et du train; au printemps, l'armée privée ainsi des moyens de te-
nir la campagne, restait forcément dans
l'inaction. En un mot, l'armée française, en
s'établissant à Moscou, échangeait son caractère d'armée active contre celui d'une garnison qui doit être débloquée à temps pour ne
pas mettre bas les armes après avoir con-
sommé tous ses approvisionnements.

Le plan d'hiverner à Kalouga, dont le climat diffère d'une manière insensible de celui
de Moscou, présentait tous les inconvénients,

et de plus grands encore que le plan d'hiverner dans cette dernière ville. Pour y arri-
ver, il fallait battre Kutusof; et les provisions
trouvées dans une ville dont la population ne
s'élevait pas à la moitié de l'effectif de l'armée française, en admettant même qu'elles
lui tombassent intactes entre les mains, de-
vaient être bien au-dessous de ses besoins
pendant tout un hiver.

Une marche sur Saint-Pétersbourg, par
n'importe quelle route, dans une saison aussi
avancée, avec une armée en dissolution ayant
celle de Kutusof en queue, c'était tout simple-
ment une chose impossible. Malgré tout, les
Russes craignirent un moment que Napoleon
ne prît ce dernier parti; circonstance qui, tout
en donnant la mesure de son ascendant sur
l'esprit de ses adversaires, le justifie d'avoir
tenté d'en tirer parti dans l'occasion.

Napoléon restait donc à Moscou pour attendre l'effet que produiraient ses démon-
strations sur le gouvernement russe, et son
esprit devait être bien agité, car il ne pouvait

se faire illusion sur la valeur intrinsèque des
moyens qu'il employait, à défaut de meil-
leurs. Toutefois, Kutusof, par son mouvement offensif contre Murat, l'obligeait à sor-
tir de son inaction. Laisser une garnison dans
Moscou, se porter à la rencontre du général
russe avec le reste de ses forces et le battre
complétement, tel était d'abord son idée pour
forcer la décision du gouvernement russe.
Mais à l'aspect de ses troupes, allourdies et
gênées dans leurs mouvements par un train
immense, des voitures de toute espèce, il se
convainct qu'il ne peut s'attendre à un succès
décisif contre Kutusof. Une victoire incom-
plète ne changeant en rien l'état des choses,
il se résigna à la retraite et se proposa de
l'exécuter par Maly-Iaroslawiec sur Smolensk,
à travers des pays neufs. En conséquence, de
Troickoe il donna l'ordre d'évacuer Moscou,
et commanda à toutes les troupes de se porter par une marche de flanc sur Maly-Iaroslawiec.

Pour que cette manœuvre réussît, il fallait

que Kutusof ne s'en doutât pas. Mais il en fut prévenu assez à temps pour diriger également son armée sur Maly-Iaroslawiec. Les têtes des deux armées s'y heurtèrent, et après une bataille sanglante, les Russes, abandonnant aux Français la possession de la ville, se replièrent dans une position défensive en arrière. Leur ardeur était nécessairement abattue pour quelque temps à la suite de cette bataille perdue. C'est pourquoi, malgré le voisinage de l'armée russe, la retraite des Français dans la direction projetée n'était pas impossible; elle devenait seulement plus compliquée en exigeant des manœuvres. La meilleure preuve qu'elle était exécutable, c'est qu'un militaire aussi expérimenté que le maréchal Davoust, qui devait couvrir la retraite, proposa encore alors d'adopter cette direction. L'échec du prince Poniatowski à Medouin n'était pas une raison suffisante pour renoncer à ce plan. Bien au contraire, le fait qu'une aussi faible troupe n'eût pas été détruite démontrait assez que les Russes n'étaient pas en force sur ce point. Il paraît plus que probable qu'en dirigeant de suite sur Medouin quelques mille hommes de plus, le détachement russe en aurait été délogé. On n'avait pas même essayé de s'ouvrir une issue de ce côté.

L'état moral de l'empereur Napoléon était la véritable cause de cette hésitation. Il est dans la nature humaine, qu'à un instant donné, même les âmes les mieux trempées se laissent aller à un découragement complet. L'aspect de son armée, l'abandon forcé de toutes ses espérances touchant l'efficacité des moyens employés pour amener le gouvernement russe à des concessions, moyens qui constituaient sa dernière ressource et dont l'emploi n'avait fait qu'empirer sa situation, pouvaient suffire pour ébranler cette âme cependant si forte. Bien des motifs s'accumulaient pour la troubler encore : il n'avait pu réussir à dérober à Kutusof son mouvement de flanc; la vue du champ de bataille de Maly-Iaroslawiec qui présageait assez les combats acharnés qu'il lui faudrait livrer pour se frayer le chemin de sa longue retraite sur le Niémen ; le danger qu'il avait couru d'être enlevé par les cosaques ; enfin le sentiment de la différence de sa position en Europe à la suite des événements de la campagne. N'ayant plus la force de résolution nécessaire pour imposer sa volonté aux autres, au lieu d'ordonner, il laissait faire ; et c'est en se conformant à la majorité des avis, qu'il permit que l'armée s'engouffrât dans la route dévastée par où elle était venue. Dès ce moment, le développement de la catastrophe devient plus évident et s'effectue d'une manière plus rapide, comme d'après les lois physiques en vertu desquelles un corps, dans sa chute, acquiert un mouvement de plus en plus accéléré.

Afin de rendre cette vérité palpable, savoir, que l'insuccès de cette guerre provenait de l'étroitesse du but, laquelle a motivé l'idée que ce but pouvait être atteint par une simple démonstration, admettons que Napoléon, en faisant cette expédition, eût voulu obtenir un résultat qui, sans nul doute, ne pouvait être obtenu que par une guerre sérieuse : alors, franchissant le Niémen avec une supériorité numérique décidée, il aurait opéré contre les deux armées russes à la fois.

Pour agir contre Bagration, il aurait employé des forces supérieures (il avait là les 4e, 5e, 6e, 7e et 8e corps pour cela), et il aurait donné à ces troupes des directions comme il savait en donner, c'est-à-dire il les aurait fait marcher franchement sur le corps ennemi, l'attaquer de front et l'envelopper en même temps. Si le chef de cette armée (car l'Empereur était trop loin pour qu'on pût en référer en tout à lui) avait su exécuter ses instructions et y introduire les modifications exigées par les circonstances toujours changeantes de la guerre, le succès n'aurait pu être douteux. La position difficile de Bagration, attaqué vigoureusement par des forces supérieures, était encore compliquée par les ordres qu'il recevait du quartier-général de venir rejoindre l'armée de Barklay. Dirigeant en personne l'opération contre celui-ci, Napoléon ne se serait pas tenu à quelques marches de lui en s'arrêtant à Wilno : ce n'était pas là sa méthode d'ouverture d'une campagne. La résolution des Russes de s'établir dans le camp de Drissa facilitait singulièrement un succès complet, une sorte de répétition d'Ulm. En effet, une fois enfermé dans ce camp, Barklay, vu la supériorité des Français, pouvait y être cerné et forcé à mettre bas les armes.

Après les désastres presque inévitables de ses deux armées, ou le gouvernement russe demandait la paix et souscrivait à ce que l'Empereur exigeait, et une campagne d'une quarantaine de jours y aurait suffi ; ou bien le gouvernement russe ne se soumettait pas et se décidait à continuer la guerre.

Dans ce dernier cas, Napoléon se serait naturellement occupé des troupes qui restaient encore aux Russes. En supposant que son armée eût été déjà réduite de quatre à trois cent mille hommes, il aurait pu détacher au sud cent mille hommes contre Tormansow pour l'écraser et rejeter ensuite Tchichagof sur la rive gauche du Dniéper en arrière de Kiew ; au nord, détacher quatre-vingt mille hommes pour battre Witgenstein, le rejeter en arrière de Pskow et mettre le siége devant Riga. Au centre, avec les cent vingt mille hommes restant, il pouvait, de Smolensk, se permettre impunément une pointe sur Moscou ; l'accès de cette capitale ne lui aurait été barré que par les débris de l'armée russe, dont il aurait eu toutes les chances d'achever la destruction. En revenant de cette expédition pour rentrer dans les anciennes provinces polonaises avant la mauvaise saison, car il n'aurait eu aucun intérêt à prolonger son séjour à Moscou, Napoléon était maître de la situation. Il pouvait prendre ses quartiers d'hiver pour entreprendre au printemps une course sur Saint-Pétersbourg ; ou bien, ce qui était plus approprié à sa position vis-à-vis de l'Europe, revenir, s'il ne la suivait pas dès le commencement de la campagne, à sa première idée sur la manière de faire cette guerre. L'idée en question, marquée au coin du génie, qui, presque sans le savoir, tombe sur le vrai, était d'aller en Russie battre et disperser l'armée russe, réorganiser la Pologne, lui accorder jusqu'à la paix cinquante millions de subsides par an, et, lui laissant un corps auxiliaire de cinquante mille hommes, revenir en France avec le reste de son armée.

Napoléon, de cette manière, ne se créait pas une nouvelle Espagne dans le Nord, attendu que ces deux entreprises avaient un caractère tout différent. En Espagne, il s'agissait de forcer une nation à accepter des changements dont elle ne voulait pas, tandis qu'en Pologne, il s'agissait d'aider une nation à reconquérir ses droits et son indépendance. Voilà pourquoi, pendant la continuation de cette guerre, l'action principale revenait aux Polonais. Comme il était de leur devoir de faire les plus grands efforts dans ce but, de même il était juste d'abandonner la nation polonaise si elle n'avait pas accompli tous les sacrifices nécessaires.

Mais dans la guerre dont nous parlons, ces efforts, qui n'avaient pas un objet déterminé, ne pouvaient pas se révéler. Il était visible pour tout le monde que Napoléon subordonnait ses vues sur la reconstruction de l'ancienne monarchie de Pologne au résultat des négociations qu'il suivait avec la Russie. Dans la nation, à cause de cette incertitude, régnait donc le découragement et l'abattement. Dans l'armée, également désillusionnée, un sentiment pénible était encore éveillé par le morcellement de plus de moitié dans les divers corps de la grande armée. Seulement trois divisions, dont se composait le 5e corps, gardèrent la dénomination officielle de troupes polonaises, et bientôt encore ce corps fut réduit à deux divisions, l'une étant détachée pour bloquer Bobruisk. De sorte que c'est l'honneur militaire presque seul qui soutenait l'armée dans l'accomplissement de son devoir. Napoléon comprit très-bien que la disposition des esprits ne pouvait pas être autre ; et jusqu'à sa mort il n'a jamais accusé les Polonais. Au contraire, plus d'une fois il a exprimé le regret de n'avoir pas réorganisé la Pologne tout entière, en convenant que par ce moyen il se serait donné les plus grandes chances de succès.

Nous croyons, par cet exposé, avoir rendu évident qu'il n'existe pas, pour un adversaire de la Russie, d'impossibilité absolue du succès, certaines conditions gardées. La guerre contre la Russie, ou contre tout autre empire, doit être entreprise avec des moyens proportionnés à la résistance présumée, et menée ayant égard aux circonstances particulières au pays qu'on attaque. Et ce sont ces circonstances, qu'on ne rencontre nulle part ailleurs qu'en Russie, qui donnent à une guerre contre cette puissance un caractère spécial. Les grandes forces dont dispose la

Russie, exigent des forces très-considérables chez l'agresseur. Son climat rigoureux rend les interruptions des opérations inévitables, et double ainsi la durée de la guerre. Tandis que l'immense étendue peu peuplée de ce pays et le peu de bonnes routes rendent à l'assaillant l'entretien de ses troupes bien difficile. L'ensemble de ces circonstances particulières à la Russie, dont nous nous bornons d'avoir cité les principales, fait qu'une conquête de la Russie par une armée européenne est impossible. Qu'une attaque avec un but restreint peut réussir, mais seulement dans le cas où le gouvernement russe se trouverait disposé à faire des concessions. Enfin, qu'une coalition entreprenant une attaque à fond, n'a de chances de réussite que si elle parvient à se créer une force auxiliaire sur le sol même de la Russie. Napoléon, lorsqu'il a conçu le projet d'entreprendre cette guerre, dans la première inspiration de son génie, a vu que la lutte pouvait durer des années, et qu'il n'était pas en état, malgré tous les moyens dont il

disposait, d'entretenir pour un temps indé-
terminé, dans ces contrées lointaines, des
forces correspondantes à celles des Russes.
Voilà pourquoi il se proposa de reconstruire
la Pologne et de la charger, tout en lui prê-
tant l'assistance, d'achever l'œuvre qu'il ne
pouvait terminer avec ses forces seules. Mais
Napoléon, par des considérations politiques
postérieures, ayant voulu faire des transac-
tions avec la première inspiration de son génie qui ne le trompait jamais, tomba dans le
faux, et s'attira par là même tous les désastres connus.

FIN.

TYPOGRAPHIE DE CH. LAHURE
Imprimeur du Sénat et de la Cour de Cassation
rue de Vaugirard, 9